LES

CHEMINS DE FER.

RÉCIT MORAL

Par Adélaïde.

DENAIX, LIBRAIRE-ÉDITEUR,
Paris, rue du Faubourg-S.-Honoré, 14.

Les Chemins de Fer.

Paris, Decourchant, imprimeur,
rue d'Erfurth, 1.

LES
CHEMINS DE FER.

RÉCIT MORAL

Par Adélaïde.

DENAIX, LIBRAIRE-ÉDITEUR,

Paris, rue du Faubourg-St.-Honoré, 14.

1838

MESSIEURS LES DÉPUTÉS,

I par hasard, ce que je suis loin de croire, lorsque vous avez écarté le projet de couvrir la France entière d'un réseau de chemins de fer, il se fût glissé un autre motif

dans votre pensée, que le désir sage de mûrir une
découverte ingénieusc, je veux rassurer les regrets
de vos délicatesses. L'industrie sans doute ré-
clame de sages législateurs encouragements,
secours ; mais il est bon aussi d'en peser les
aventureuses spéculations, d'étudier les espérances que l'avidité facilement peut concevoir, de
voir même, lorsqu'elles se réalisent, si la morale
ne doit point en souffrir ! La morale a aussi ses
richesses, luxe parfois trop dédaigné, l'emportant
sur l'autre, car il ne s'épuise jamais ; son appli-
cation n'est soumise à aucune variation, le bon
goût qui l'accepte vieillit avec lui sans y rien
changer, et le laisse intact comme héritage aux
cœurs dignes de le recueillir !

Je vais vous faire un court récit ; ce n'est point
un conte, je ne saurais inventer. Observateur de-

puis quinze ans, j'écris ce que j'entends dire;
parfois j'essaie d'en amuser le public, et je reste
convaincu qu'il n'y a guère moyen d'instruire le
genre humain qu'en le faisant sourire, quoiqu'en
parlant un peu raison. Mon but n'est point de me
déchaîner contre les chemins de fer, mais de
tâcher de faire prendre patience aux voyageurs
qui ne peuvent arriver à Bordeaux qu'en qua-
rante-trois heures! de calmer l'exaltation du
bon boutiquier qui hâte la semaine pour gagner
le Pecq en vingt-six minutes, et de consoler l'ar-
tisan condamné à aller cueillir, le dimanche, avec
sa famille, le bouquet obligé d'épis verts, de mar-
guerites, de coquelicots, qu'il rapporte pédes-
trement rue Saint-Denis, dans son humble asile!

Or donc, j'ai voulu faire mon état, c'est-à-dire
observer les chemins de fer, examiner les sensa-

tions qu'ils font naître, recueillir les miennes et celles de mes joyeux compagnons. J'eus bientôt reconnu pour moi comme pour les autres que là la méditation est nulle; peut-on même causer avec ses voisins? les coteaux, les villages, les villes, le wagon qui menace de vous foudroyer en passant près du vôtre, tout vous échappe, le monde court, et vous croyez encore courir plus vite que lui. Je ne vous raconterai rien des Batignolles, d'Asnières, de Colombe, de Chatou, de Croissy, je vous jette au Pecq comme j'y fus lancé, n'ayant pas même eu le temps de prendre deux prises de tabac; car, économe de mes plaisirs, ce n'est que tous les trois quarts d'heure que j'ouvre ma tabatière. Me voilà donc au Pecq, un peu étourdi, cependant enchanté. Je dois en convenir, en considérant la haute montagne qu'il me fallait gravir, j'accusais le gouvernement de n'avoir pas depuis longtemps fait jouer la mine pour traverser je ne sais combien de mètres de montagnes, et regagner paisiblement à Poissy les bords riants de la Seine. Je devins ministériel en diable ; je maudissais, oui, je l'avoue, je maudissais mes représentants, je ne rêvais plus que longue chaîne de wagons dans ma destinée, et, suant à grosses gouttes, ayant l'honneur d'être électeur, je composais le mandat impératif qui déciderait, au renouvellement de la Chambre, mon suffrage. On devine bien qu'il ne devait appartenir qu'à celui qui m'offrirait je ne sais combien de lieues de rails à fleur de terre.

Me voilà sur la terrasse de Saint-Germain : peu s'en fallut que je n'y souhaitasse le chemin de fer ! Cependant, m'arrêtant souvent devant les beaux coteaux de Marly, suivant des yeux les détours

de la rivière, me transportant devant un bel effet
du jour, admirant ces habitations si variées,
ces prés, ces bocages, ces arbres si majestueux,
je finis par m'avouer qu'il était assez agréable de
voir ce qu'on regarde, et tout bien considéré, je
ne sus pas très-mauvais gré à Louis XIV d'avoir
ignoré l'usage des wagons ! Lorsqu'au bout de
la superbe terrasse je m'enfonçai dans la forêt,
alors le souvenir du chemin de fer se perdit entièrement : ingrat ! j'oubliais que la rapidité du
voyage m'avait rendu plus facile le bonheur de
la parcourir. J'ai la passion des beaux arbres,
j'aime à m'enfoncer dans la partie la plus obscure
des forêts ; là je rêve... A quoi ? direz-vous ; je
ne sais ; mais je rêve ; ce n'est qu'alors vraiment
que je me sens vivre, car on a beau dire, le rêve
est à peu près le seul état positif de la vie, le seul
temps présent dont l'emploi n'échappe pas à

l'homme! Un bruit de pas me tira de ma méditation; j'eus d'abord de l'humeur, mais elle dispa-
rut à l'aspect d'un vieillard, qui, d'un air étonné,
s'arrêta devant moi. Sa physionomie était
noble, des boucles argentées couronnaient
son front vénérable, la douceur de son regard
attirait la confiance, un peu de tristesse en voilait
l'expression, et la sympathie suivait de près l'intérêt que sa vue facilement faisait naître. Cependant, pour un observateur éclairé comme moi,
une sorte d'originalité dans la finesse de sa
bouche suspendait cette première impression.
J'ai oublié de dire que j'ai étudié Lavater et Gall,
je découvre dans les traits, au premier coup d'œil,
mille choses inaperçues; je devine la pensée,
les habitudes, souvent les faits... Parfois je
me trompe; mais comme je ne l'avoue jamais,
gardez-moi le secret.

Le vieillard s'arrêta devant moi, s'assit sur le
gazon, et sourit en me regardant; moi aussi : cela
nous lia. «Vous aimez l'ombre des forêts, me dit-
il, je passe ma vie sous cet épais feuillage, et
comme je n'ai pas l'égoïsme de mon âge, j'aime
aussi à penser que la jouissance que j'y recueille
peut être léguée à un plus jeune. » Excellent
homme! j'en étais sûr, et déjà la ligne qui trace
sur le front une vie pure, une âme affectueuse,
rendait pour moi plus sensible l'aménité de son
caractère, déjà indiquée par ses paroles. Nous
parlâmes de la beauté du temps, de la majesté du
lieu, des souvenirs historiques, du vieux royal
château, les heures volaient, et l'honnête homme,
prêt à retourner à la ville, me proposa de l'ac-
compagner. « Connaissez-vous quelqu'un ici? me
dit-il. — Non, je suis venu par le chemin de fer
me promener... — Le chemin de fer!... » Il tres-

saillit et se tut. Sa tête tomba sur sa poitrine... Je respectai sa rêverie; il fit quelques pas devant moi....... « Monsieur, reprit-il, votre conversation, la franchise de votre physionomie m'intéressent; acceptez un léger repas........ Qui sait? c'est peut-être votre bon ange qui nous a réunis! » Je suivis le vieillard; il s'appelait Samuël, point d'autre nom. Il marchait silencieux, et moi, dont l'observation était en travail, surtout à l'heure de l'entendre causer, j'étudiais sa pose, j'étudiais ses mouvements, la forme de sa tête, et je faisais mes provisions pour voir plus tard si sa conversation devait m'affermir dans mes conjectures. Assez près de la ville, mais encore dans le bois, il ouvrit une porte verte qui donnait sur un petit jardin parfaitement cultivé : des légumes, des fleurs, des fruits, l'ornaient en abondance; la maison était peu considérable, mais bien tenue, suffisante pour loger un solitaire. Nous entrâmes dans un joli salon meublé en toile parfaitement propre ; après venait une salle à manger. De l'autre côté du salon, une jolie chambre, plus loin une bibliothèque, suffisamment garnie de livres. Au milieu une énorme table couverte de papiers, de volumes, d'écritoires, de plumes ; enfin tout ce qui annonce une vie studieuse, et l'aisance qui permet de s'y livrer. Des gravures choisies avec goût entouraient la chambre ; mais celle qui frappa le plus ma vue par sa dimension, représentait un énorme wagon, et au-dessous du cadre était écrit ce vers si connu du Dante :

Lasciate ogni speranza, voi ch' entrate.

Je restai immobile devant le monument de la science outragé ! je regardais Samuël, puis le

wagon, rien en lui ne m'avait indiqué ce mépris
pour les progrès du siècle. Le vieillard secoua la
tête tristement, une pensée sombre troubla la
sérénité de son visage, puis soupirant : « Que
venez-vous faire à Saint-Germain? me dit-il; y
avez-vous des intérêts? quelqu'un à Paris attend-il
votre retour? — Non, répondis-je, je suis au nombre de ces heureux oisifs dont une idée subite
commande la journée; je voulais voir un chemin
de fer...—Un chemin de fer! » répéta-t-il avec une
voix sourde..... La vue de la terrasse, la forêt, la
rencontre, la conversation avec Samuël, avaient
suspendu mon admiration pour la sublime découverte, elle me reprit avec plus de force, y ratta-
chant tout ce que je devais de douceur au bon
accueil de mon hôte; je commençai à plaider vivement la cause d'un trajet devenu si rapide et si
heureux pour moi... « Monsieur, monsieur, me

» dit le vieillard d'une voix suppliante, épargnez-
» moi; car vous saurez que je marquerai peut-être
» ma tombe dans cette ville, parce qu'il me paraît
» à peu près impossible que jamais les chemins
» de fer s'y creusent un lit ; les chemins de
» fer, fléaux de ma destinée, causes des dou-
» leurs poignantes d'une vie que je traîne si tris-
» tement. Si je vous parais étrange, croyez que ce
» n'est pas seulement ma propre expérience qui
» me fait redouter pour l'univers cette orgueilleuse
» entreprise. — Eh mon Dieu! m'écriai-je, que
» font les chemins de fer contre la destinée morale
» de l'homme? ils accélèrent les relations, ils por-
» tent rapidement les échanges de l'industrie, ils
» étendent, resserrent les liens entre les peuples ;
» jamais progrès, découvertes ne me parurent plus
» favorables à cette grande alliance des nations si
» nécessaire au bien des individus! — Je conviens,

» répondit Samuël, qu'avant d'en avoir recueilli
» l'expérience, ils semblent tout protéger, tout
» unir, et que le matériel de la société peut bien
» n'être pas entièrement déçu dans ce qu'elle en
» espère. Mais, monsieur, combien il y a d'hommes
» dont le regret a suivi une action spontanée! Les
» chemins de fer me paraissent l'image d'une tête
» exaltée qui cède à toutes ses impressions, à une
» fantaisie, dont l'abus découvre le danger; c'est
» l'entraînement de l'amour qui rend une femme
» coupable; c'est le joueur qui risque les débris de
» sa fortune sur une carte; c'est l'homme furieux
» qui se venge sans discernement; c'est enfin le
» coupable qui échappe à la justice, et qui donne
» l'effrayant exemple du crime, sans la possibilité
» du châtiment!..... »

Moi, joyeux compagnon de trois cents badauds

qui déjeunaient au Pecq, j'avoue qu'il me fut
impossible d'entasser tant de calamités dans un
wagon..... Je souris un peu dédaigneusement ; le
bon vieillard ne s'en fâcha pas, et me serrant
affectueusement la main : « Monsieur, me dit-il,
» j'ai le bonheur d'avoir une foi très-vive ; je re-
» cherche toujours, dans les événements dont je
» suis témoin, le but d'une providence miséri-
» cordieuse : je me suis souvent demandé pour-
» quoi, moi, être malheureux, inutile sur la
» terre, le souverain Créateur me laissait encore
» vivre. A votre âge on doit recueillir, au mien
» on peut guider, et malgré le dédain facile à la
» jeunesse, je trouve que j'excuse mes longs jours
» en tâchant de lui léguer mon expérience ! Je
» vous raconterai volontiers mon histoire, puisse-
» t-elle vous faire éviter les douleurs qui furent
» mon partage ! Acceptez avec lenteur les ou-

» vrages des hommes ! l'intérêt d'un seul pres-
» que toujours les conçoit, et les calamités que
» cause l'inexpérience glissent sur ce cœur froid,
» qui fonda sa fortune sur l'engouement, et qui
» fit accueillir ses déceptions à la crédule impa-
» tience. »

Je suis né aux Etats-Unis, berceau de toutes
les rapides inventions. Je n'avais jamais réfléchi
à leurs inconvénients, et tout jeune que j'étais,
j'en devins victime ! J'avais pris l'habitude de
me confier à la vitesse de ces chemins, ils me
donnaient la possibilité d'enlever quelques minutes inaperçues à mes études, d'entretenir des
relations avec de jeunes amis que mon père
m'avait défendu de fréquenter, que je n'aurais
pu rejoindre sans la célérité de la vapeur, et qui
me donnèrent de funestes conseils ! Je ne vous

parlerai pas de ma famille ; j'ai tout perdu très-
jeune, et depuis bien des années je fus orphelin
des miens, comme mon âge l'est aujourd'hui de sa
génération ! J'avais dix-neuf ans, je devins éper-
dument amoureux de Sarah, jeune fille qui ha-
bitait à quelques milles de la maison de mon
père. Il était bon, mon père, sensé ; il me repré-
senta qu'à peine formé, ayant encore mille con-
naissances à acquérir, je ne pouvais songer à
épouser Sarah. Sans doute je trouvais que mon
père avait raison, peut-être que s'il m'eût été
difficile de m'échapper, si un long trajet à pied
ou à cheval m'eût donné le loisir d'une longue méditation, mes réflexions l'eussent emporté sur le
délire de mon cœur ! mais lorsque je commençais
à tâcher de complaire à la sagesse paternelle, le
wagon avec rapidité me portait aux pieds de
ma maîtresse, je revenais ravi de sa beauté,

enivré de sa tendresse ; l'agitation du retour doublait celle de mon cœur, et je me trouvais, vis-à-vis de mon père, trop ému, trop bouleversé, pour profiter de ses sages avis, pour les comprendre !

La route passait au pied de la demeure de Sarah ; là, elle s'arrêtait, mais une autre recueillait le voyageur emporté et le portait à la mer. Quelle facilité pour un amant ! pour une jeune fille ! tous les jours elle regardait le wagon, elle souriait à sa rapidité qui devait en si peu de minutes me rendre son seul protecteur. « Il nous sera facile de revenir, » disait-elle en pleurant ; comme si sa faute s'annulait par la possibilité de la réparer. Sarah avait quinze ans, elle régnait sur mon âme comme je dominais la sienne. Un soir, sans presque y réfléchir, les yeux fixés sur l'heure du dernier train, je me rendis dans le cabinet de mon père, je voulais encore une fois l'embrasser, j'hésitais à fuir, l'heure sonna… Je m'élance dehors de la maison; je saute dans le dernier wagon, et peu d'instants après, Sarah et moi nous courions sur la voie qui courait à la mer! Un bateau à vapeur nous prit là et nous conduisit à bord d'un vaisseau de la marine royale qui se rendait en Angleterre. Ce ne fut que lorsque la majesté de sa marche me fit mesurer le temps, que je commençai à réfléchir sur ma coupable conduite. Sarah pleurait, elle pensait comme moi au désespoir de ses parents, l'incertitude de notre avenir la préoccupait doulou-reusement ; se sentant si peu digne de bonheur, son cœur n'éprouvait plus pour moi qu'une tendresse mêlée de méfiance! Plus amoureux que corrompu, je pensais devoir par mon respect rassurer ma timide compagne : quoique sur le bâtiment on nous crût mariés, jamais frère ne fut plus timide ni plus dévoué que moi auprès de cette jeune fille dont j'avais flétri la destinée ! La longueur des journées, le calme imposant du bâtiment fendant lentement la mer, soit tranquille, soit agitée, parlait vivement à mon âme. Cet horizon immense, cet ordre qui régissait toute la nature me semblait un secours providentiel que le souverain Créateur du monde présentait à l'homme contre la fougue de ses passions ! Ce repos se communiquait à mon cœur, je me traçais un plan pour l'avenir, et ce trajet monotone qui si souvent fatigue l'impatience du navigateur, était comme un baume salutaire contre la rapidité d'un voyage qui nous avait rendus en peu d'heures si coupables ! Je vous le demande, monsieur, de telles impressions peuvent-elles naître dans un wagon qui vous entraîne, et les effets de cette sublime nature, si grande, si majestueuse, qui se déroulent devant vous, peuvent-ils être éprouvés lorsque ses images sont à peine visibles !

Je débarquai au Havre, je m'y fixai. J'aimais la mer : j'avais dû à la longue contemplation de l'Océan des idées plus graves et plus calmes, des impressions religieuses à peine effleurées dans ma jeunesse. Mon amour vaincu dans ce que la morale pouvait me défendre m'avait relevé à mes propres yeux. Ma retenue, mes égards si dévoués avaient rendu Sarah confiante dans la vérité de mes sentiments ; et depuis, j'ai souvent pensé que si dans certaines situations on pouvait prendre son parti de passer pour un imbécile aux yeux des uns, ou de quelque chose de pis auprès des autres, on trouverait plus de bonheur en triomphant de ses désirs, qu'en cédant à ceux dont la satiété si promptement étouffe les jouissances! J'écrivis à mon père, à celui de Sarah; avec quelque orgueil je leur racontai notre étrange position, dont les sacrifices ne devaient cesser qu'avec le consentement qu'ils donneraient à notre union. Mon père était un très-honnête homme; il décida celui de Sarah à consentir à notre mariage, m'envoya une somme considérable pour commencer des affaires de commerce, me soutint de son crédit, de sa considération; mais m'interdit l'entrée de l'Amérique, ne voulant pas confier sa vieillesse à qui avait pu trahir ses espérances! Je le perdis ce bon père sans jamais le revoir; je n'ai pu recevoir sa bénédiction; ses lettres étaient amicales; il approuvait le zèle

actif qui me faisait travailler à l'aisance de ma
famille; il encourageait mes efforts.... mais je ne
pus tomber à ses pieds, entendre le mot pardon
sortir de sa bouche!..... Ici les larmes inondaient
cette physionomie si vénérable. Au milieu de
sanglots qui m'arrachèrent des pleurs..... « Monsieur, me dit-il, croyez-vous que de longues
années de souffrances, de regrets, effacent près
de Dieu la juste indignation de deux pères! Mes
malheurs répétés me laissent ce funeste doute ! »

Je passai quelques années paisiblement au
Havre; je vins à Rouen, et là, je recueillis le fruit
de mes travaux; j'avais une belle fortune; Sarah
m'avait donné deux enfants, et j'avais dans toute
cette riche province, au delà même des frontières
de France, la réputation de bien porter le nom de
mon père, si estimé dans le vieux monde. Au bout

d'années heureusement conduites, une terrible
nouvelle vint fondre sur moi; les journaux annon-
cèrent les projets de créer en France les chemins
de fer. Toute la ville de Rouen fut en rumeur;
déjà tout le monde s'élançait sur la route; les
négociants calculaient les chances prodigieuses
qu'une telle célérité préparait; la rapidité des
correspondances; les visites remplaçant les écrits;
les affaires se multipliant; les projets à peine
conçus, effacés par d'autres, et, en attendant la
construction du chemin, mille entreprises de
toute nature devaient doubler les fortunes, sans
qu'on envisageât, au milieu d'un tel tumulte, la
possibilité des catastrophes! Moi, devenu réfléchi
par les émotions de ma vie, froid témoin de cette
fièvre de spéculations, interrogé par mes amis,
je disais souvent : « Le commerce demande de
» la méditation, de la lenteur, du mystère; des

» nouvelles prématurées ont souvent enfanté
» des désastres, renversé les entreprises les
» mieux combinées ; avant de les livrer à cette
» invention inconnue, il faudrait en prévoir les
» effets, elle peut changer l'état de la société ;
» c'est peut-être une nouvelle civilisation qu'elle
» amène. Qui sait si le négociant honorable
» ne sera pas forcé de se confondre avec l'a-
» gioteur, si des fortunes, si des principes ne
» succomberont pas devant une concurrence
» survenue à l'improviste ! » Ces sages paroles,
quoique exprimées avec retenue, je dirai même
avec timidité, me firent de nombreux ennemis ;
les hommes qui m'aimaient m'avaient en pitié ;
les jeunes dames, rêvant des soirées passées
à Paris, me prenaient en haine ; et, au jour de
l'an, toutes m'envoyèrent, en sucre ou en
porcelaine, des éteignoirs. Ma femme participait

à l'engouement général ; nous eûmes quelques
querelles, lorsque ma prudence lui fit envisager
comme un malheur réel cette facilité de quitter
ses pénates, d'échapper aux souvenirs, si vivants
en province, de la considération des siens : exem-
ples perdus dans les grandes villes, où tout se
confond, où tout s'oublie !

Je dois vous avouer, monsieur, que j'ai toujours eu de la faiblesse dans le caractère ; mes
amis l'appelaient bonté, mais moi j'ai toujours
bien senti que la complaisance n'était pas la seule
base de la mienne ; la paresse y jouait un grand
rôle, et j'aimais mieux céder à un désir qui ne me
paraissait pas toujours raisonnable, que de lutter
avec constance. Ma femme rêvait communications futures avec Paris ; à Rouen des spéculateurs
en étaient à tracer les lignes, celles de Saint-

Étienne étaient frayées. Nul doute que Lyon ne
fût la ville qui d'abord attirerait les soins des
particuliers, peut-être ceux du gouvernement.
Sarah n'eut plus d'autres pensées que celle d'y
transporter notre résidence ; elle se plaignait de
l'humidité du climat de la Normandie ; le soleil
du midi devenait indispensable à sa santé, à celle
de mon fils, de ma fille. Une famille considérable
avec laquelle j'étais très-lié partit pour Lyon!...
il nous fallut l'y suivre ! m'y voilà établi.
Les constructions imparfaites de ce premier
essai de chemin de fer me rassuraient un peu ;
la lenteur, les mécomptes des entrepreneurs,
me donnaient l'espoir de mourir avant que de
trop faciles communications avec la capitale eussent rendu souvent mon toit solitaire. Mais un
coup funeste sembla confirmer mes tristes prévisions ; mon caissier força ma caisse, il m'emporta

un dépôt considérable, des billets de banque, des effets au porteur, les diamants de Sarah; et tandis que je cherchais mon voleur, le chemin de fer m'en avait fait perdre la trace, les bateaux à vapeur remplacèrent la voie sur laquelle couraient mes trésors, et le fugitif était probablement en Italie tandis que chez le juge de paix j'expliquais encore mon infortune. Il me fallut payer le dépôt qui avait été volé; je ne fus pas ruiné, mais une brèche énorme fut faite à ma fortune. Mon goût pour le chemin de fer ne s'en augmenta pas, comme vous pouvez le penser; celui de Sarah n'en fut pas ébranlé; Cécile ma fille, à cet âge heureux où les plaisirs sont des certitudes, aimait à le parcourir avec sa mère. Je ne sais quelles pénibles craintes s'emparaient de moi lorsque je les voyais toutes deux s'élancer dans le wagon. Si j'étais libre, je m'y plaçais près d'elles, et je ne respirais

que lorsque j'avais regagné notre habitation ; je
veillais avec prudence aux précautions qu'il fallait prendre pendant la route, je frémissais des
dangers que cette enfance d'un art nouveau faisait courir aux objets les plus chers de ma vive
tendresse ! Une fois, monsieur, nous revenions
sur le wagon, je n'avais pu comme de coutume
placer ma fille près de sa mère, nous traver-
sions une voûte obscure, vous savez qu'alors le
jour disparaît totalement, et que subitement
la clarté remplace les ténèbres : lorsque nous
sortîmes de cet antre maudit, ma fille !......
Hélas ! je dois l'avouer, mon front en rougit
encore, tout le monde put voir Cécile qu'un
jeune homme serrait sur son cœur... Le premier
mouvement des voyageurs fut un rire univer-
sel. Ah ! s'ils avaient pu lire sur mes traits
l'indignation de mon cœur, s'ils avaient con-

sidéré le front pâle de sa mère, la rougeur qui colorait les joues de Cécile, la décontenance de l'imprudent jeune homme, j'aime à croire que la pitié l'eût emporté sur leur joyeuse malice. Le monde a pu rire de la duperie des époux; mais il n'a pas encore osé insulter aux douleurs paternelles! il me fallut courir jusqu'au bout de la ligne, malgré toutes les pensées qui me déchiraient, rester vis-à-vis de celui qui nous avait outragés, nous retrouver encore dans pareille obscurité, et attendre dans une angoisse abominable le retour de la lumière, pour découvrir si Cécile était ou complice ou seulement victime! Lorsque nous revînmes dans Lyon, j'étais si accablé que je me trouvai mal, on me rapporta à ma maison; notre histoire courut bientôt toute la ville. On s'égayait sur moi, sur mon enfant; mais cependant les maris, les pères risquaient avec plus de prudence leurs femmes, leurs jeunes filles qui entrent sans défiance sous ces voûtes et en peuvent sortir déshonorées. Cécile était pure; surprise à l'improviste, le jour parut peut-être au moment où la folle idée du jeune homme venait d'être conçue et satisfaite; l'épouvantable bruit du wagon assourdissant la voûte couvrit peut-être les cris de son effroi, elle nous le dit : il fallait nos cœurs pour le croire, il fallait connaître sa douceur, sa timidité; le rire accueillit le ridicule de la position, il ne voulut pas l'absoudre! on flétrit la jeune fille, on crut être équitable en plaignant sa famille! Mais une autre douleur nous attendait; mon fils sut bientôt cette fatale histoire, il rechercha le jeune homme qui avait outragé sa sœur. Un duel s'ensuivit : mon fils sortit vainqueur de cette sanglante lutte, le jeune imprudent tomba frappé à mort; mais Henri, blessé mortellement, ne survécut que peu de jours à notre funeste aventure.

Je ne quittais plus ma maison, je ne voyais personne ; nos volets étaient fermés, la tristesse de Sarah, le chagrin de Cécile, les douleurs poignantes de mon cœur me rendaient odieux ce triste séjour. J'avais un ami en Hollande, je lui avais confié quelques fonds échappés à mes disgrâces ; il me proposa de venir le joindre à Malines, et m'annonça que mes capitaux avaient prospéré dans ses mains, me ménageant, me disait-il, une surprise qui me rendrait cette ville plus agréable que toute autre à habiter. J'acceptai avec joie ses offres, je trouvais un véritable avantage à m'expatrier, et comme le temps qu'il me fallut pour vendre mes propriétés me donnait un peu de répit, j'eus au moins l'espoir que Lyon ensevelirait pour le monde la partie de notre malheur qui pesait sur ma tête. J'arrivai de nuit à Malines, j'entrai chez mon ami; il me reçut comme un frère, me salua de mille félicitations sur le rétablissement de ma fortune, me parla d'achats de terrains, revendus avec d'énormes bénéfices, et me demanda si j'étais venu par le chemin de fer, sur lequel je possédais, par ses soins, bon nombre d'actions. Je faillis m'évanouir; mais sentant la nécessité du secret sur les motifs qui justifiaient plus que ma répugnance, je me contentai d'exposer mes craintes sur les avantages d'une découverte que tant de hasards entouraient encore! Les affaires qui me regardaient étaient bonnes; il y aurait eu de l'ingratitude à ne pas témoigner à Van-Clemburge la reconnaissante joie que nous lui devions. Je dévorai donc mes cruels souvenirs, et

je me bornai à l'entourer de ma prudence, pour
résister aux spéculations innombrables que les
communications si rapides avec Anvers offraient
à son industrie! Au bout de peu de mois, ma
femme était plus calme; sans doute elle pleura
longtemps notre fils unique, mais elle était mo-
bile, et les petits intérêts avaient le pouvoir de
la distraire de plus grandes émotions. Ma fille,
plus oublieuse encore, jouissait de pouvoir lever
la tête ; Sarah me montrait le chemin de fer
courant dans la plaine : point de voûte, point
d'obscurité, tout le monde était satisfait; je bais-
sai la tête, mais je gardais la conviction que
toute nouvelle invention a besoin de mûrir les
habitudes qu'elle commande, et que de s'y livrer
sans prudence, est toujours insensé !

Mon ami eut bientôt occasion de reconnaître

le danger de ces bruits mensongers, qui, par les chemins de fer, arrivent toujours trop vite au public, non pour son propre compte, mais pour celui de son frère. Un léger embarras survint dans sa maison de commerce; son crédit énorme pouvait tout réparer, si l'inquiétude eût été renfermée dans une seule maison de Malines; mais malheureusement un commerçant d'Anvers en porta rapidement la nouvelle dans cette ville, et grossissant, comme il est d'ordinaire, le malheur de l'honnête négociant, par le retour des wagons toute la journée, demandes sur demandes, exigences, protêts furent accumulés; il y avait de quoi perdre la tête. Nous nous étions entendus pour payer la faible somme que Broock ne pouvait acquitter le matin, il eût été sauvé; mais nous n'étions pas en état de satisfaire à l'instant même aux inquiétudes des possesseurs des fonds qu'il avait dans ses mains. Cependant, sûrs de ses ressources, et les ayant à peine calculées, nous nous décidâmes à répondre de tout ; et cette fois la célérité du chemin de fer nous parut devoir en partie réparer le mal qu'elle avait fait à Broock. Tout entier au chagrin de mon ami, je n'éprouvai aucune répugnance à monter dans le wagon. Nous parlions de cette triste affaire, et, placés dans la dernière voiture, nous attendions que les autres fussent remplies. Une femme passa rapidement devant nous. Je ne sais pourquoi elle me rappela la tournure de Gertrude, femme de Van-Clemburge ; un homme lui donnait le bras. Cette pensée me traversa la tête sans que mon esprit s'y fixât, bientôt je ne songeai plus qu'à la position de Broock, trop importante pour ne pas mûrement réfléchir aux moyens que nous avions de prévenir sa

ruine. Notre voyage à Anvers fut des plus heureux; nos noms réunis, notre caution acceptée,
arrêtèrent les désastres de notre ami, mais il
nous fallut faire d'énormes sacrifices qui depuis
ont toujours pesé sur notre existence. Je n'avais
qu'un enfant, ma fortune était suffisante pour le
bien établir, et je regrettais peu ce que j'engageais,
car j'acquittais toute la reconnaissance que je
devais au dévouement de Van-Clemburge. Nous
restâmes trois jours à Anvers, nous en repartîmes
le soir, toujours dans le dernier wagon que Van-
Clemburge avait pris l'habitude d'occuper. Au
moment de partir, la même femme, le même
homme passèrent précipitamment devant nous,
une foule immense les enveloppa à l'instant;
mais encore la pensée de Gertrude s'offrit à mon
esprit : seulement elle acquit plus de force, car
je crus reconnaître un châle qu'elle portait habi-

tuellement! Van-Clemburge avait la vue très-basse, il marchait difficilement; de plus, toujours préoccupé de ses affaires, les objets extérieurs excitaient peu son attention. Les chemins de fer semblaient avoir été faits pour lui ; cette facilité avec laquelle il avait pu réparer les malheurs de son frère, lui avait fait parfaitement oublier qu'ils en étaient la principale cause; il s'extasiait sur cette communication si rapide, sur le temps précieux qu'il aurait perdu en écrivant. Heureux du bien qu'il venait de faire, il récapitulait à perte d'haleine tout ce que cette intelligence progressive pouvait promettre à l'industrie. Bien que dans un wagon un malheur pût se placer, dans celui qui le suivait siégeait le remède, tandis que moi, en présence d'une pénible pré-occupation, je me représentais notre convoi emportant dans sa première voiture une femme

mariée, fuyant avec un voyageur de son choix, et
le mari courant derrière elle comme le vent, sans
pouvoir jamais l'atteindre. J'entendais d'avance
circuler le récit de cette situation ridicule, je me
figurais le rire malin des conteurs en amusant
toute une ville, et quoique bien déterminé à ne
pas troubler la joie de mon brave compagnon, je
le brusquais parfois quand j'étais trop dominé
par mes conjectures.

Il était nuit lorsque nous entrâmes dans la
maison. Gertrude était assise préparant le thé,
Sarah faisait des tartines: toutes deux coiffées en
cheveux paraissaient n'avoir pas dû quitter la
maison. Elles parlèrent de l'ennui de leur journée,
le petit Van-Clemburge avait souffert des dents,
Cécile avait eu de la fièvre, et jour par jour
l'emploi de leur temps nous fut conté. Je trouvais

cependant dans Gertrude une agitation qui ne lui était pas ordinaire ; son mari ramassant un papier qui était à terre, Gertrude en riant se jeta dessus, et le lança au milieu du feu. Ma femme rougit, Van-Clemburge ne vit rien, cela valait mieux : la prévision d'un malheur n'enlève rien à la réalité de son amertume ! Nous nous retirâmes chacun chez nous. Je ne savais que penser ; Sarah avait rougi ; elle était assez sé-rieuse, et, quoique plus tendre pour moi qu'à l'or-dinaire, j'éprouvais un malaise dont intérieure-ment je cherchais l'explication. J'entrai dans la chambre de ma femme, la première chose qui me frappa, ce furent ses gants, jetés comme avec pré-cipitation sur une table, et conservant l'empreinte de la main dont on venait de les arracher ; j'en saisis un, il cachait l'adresse bien connue d'une hôtellerie d'Anvers ! Cette vue, pour moi, fut un coup de foudre. La pensée de ma femme ne m'avait pas jusqu'alors apparu ; mais cette chambre était la sienne, ces gants étaient les siens, et toute la soirée je m'étais senti gêné près d'elle. Sarah rentra, ses traits se bouleversèrent lorsqu'elle vit le fatal gant, la carte dans mes mains. « D'où vient cette carte? » lui dis-je avec une forte émotion. Sarah répondit en rougissant qu'elle l'ignorait. « Mais ces gants ce sont les vôtres, ils sortent de votre main... — Je ne sais, reprit encore ma femme... — Etes-vous sortie? dis-je; oui?... non? pourquoi le cacher; avez-vous été à Anvers? où serait le mal si... » Alors Sarah tomba sur un fauteuil, et dans un moment son visage fut baigné de larmes. « Oh! je vous en supplie, dit-elle, ne nous perdez pas; je n'ai pu résister aux instances de Gertrude; gardez son secret. » Je demandai à Sarah une entière confidence; elle m'apprit que depuis l'absence de Van-Clemburge tous les soirs elles avaient été à Anvers; que Gertrude y avait depuis longtemps une secrète liaison de cœur, et qu'elle y avait accompagné son amie, afin qu'en cas de découverte, cette promenade, faite à deux, éveillât moins les soupçons. J'étais soulagé en partie, je l'avoue; j'aimais mieux ma femme trop complaisante que criminelle; mais, vivement affligé du malheur de mon ami, j'éclatai de nouveau contre cette funeste invention, qui rendait la ruse si facile, si impunie, et qui faisait que sans presque rien abandonner des devoirs de son ménage, sans qu'un serviteur s'aperçût des assiduités d'un suborneur, sans que la société, par ses remarques, par ses discours, éclairât une femme sur le penchant de l'abîme, elle pût oublier ses devoirs les plus sacrés !

Je passai une triste nuit ; le lendemain, à l'heure
du déjeuner, nous nous réunîmes comme à l'or-
dinaire ; la physionomie de mon ami était assez
sombre, la mienne bouleversée ; les soins de Gertrude pour lui étaient plus tendres ; il y paraissait
sensible : cette fausseté révoltait l'honnêteté de
mon cœur. Avec complaisance je recevais les at-
tentions de ma femme, j'enchérissais sur tous les
égards que Van-Clemburge accordait à la sienne ;
un moment il baisa la main de Gertrude, je saisis
Sarah dans mes bras, et la serrai contre mon
cœur ; je vis Van-Clemburge pâlir, ses lèvres
furent contractées, et il sembla retenir je ne
sais quels mots qui voulaient s'échapper.
Gertrude souriait, ma femme était sérieuse ;
je lui savais gré de partager toutes les pénibles réflexions qui opprimaient mon âme.
Le déjeuner se termina, et Van-Clemburge me

proposa de faire un tour dans la ville. Cette fois il ne me conduisit pas aux wagons qui étaient sa promenade habituelle. Il pesa cependant avec moi d'une manière plus sérieuse les avantages et les inconvénients de cette nouvelle invention; je ne m'étais pas levé avec de l'indulgence pour cette merveille : le cœur déchiré du sort de mon ami, avec une chaleur toujours croissante, je l'attaquais dans toutes les espérances qu'on avait pu en concevoir. Je regrettais cette ingrate inquiétude des hommes, qui dédaigne ce que l'expérience des générations a conservé, qui, au lieu de perfectionner les choses utiles qu'ils possèdent, se livrent aux hasards de la cupidité toujours prête à spéculer sur ce besoin de toujours innover. Je montrai cette détestable rapidité comme facilitant tous les genres de crime, je nommai celui qui brise les nœuds les mieux as-

sortis, devenu encore plus commun par la promptitude avec laquelle on peut en effacer toute trace.
En songeant à mon ami, mes yeux se remplirent
de larmes... Alors le bon Van-Clemburge se jeta
dans mes bras, et me serrant contre son cœur :
« Tu sais donc tout? dit-il... —Oui, répondis-je,
et mes propres malheurs me feraient moins souffrir. —Je le sens comme toi, me dit mon ami,
mais puisque Sarah a tout avoué, tu agis bien;
j'aurais cependant gardé son secret, mais
je lui sais gré de sa franchise. —Je ne te com-
prends pas, répliquai-je.—Pauvre ami, continua
le mien, tu es trop bouleversé, nous en cause-
rons ensemble, nous réfléchirons, et nous verrons
si comme père tu dois supporter les torts de ton
épouse!—Ma femme! m'écriai-je avec colère, ma
femme ne fut qu'une trop faible amie, mais, grâce
au ciel, elle m'est fidèle.....—Qu'est-ce que tu

dis ? » demanda Van-Clemburge avec véhémence.
Enfin, monsieur, vous devinez le reste. Il s'ensuivit un éclaircissement, et nous découvrimes
que nos deux femmes, selon leurs dires, s'é-
taient rendues coupables des mêmes fautes, et
que découvertes, elles s'étaient sauvées de la
perfidie par le mensonge. Alors, pour la première
fois, je racontai à mon ami l'histoire de ma fille;
ne pouvant plus envisager un chemin de fer, je
lui confiai Sarah. Je lui dis que j'allais m'éloi-
gner, qu'il était le maître désormais de Cécile;
que je désirais qu'elle fût dans une pension, et
que pour Sarah, en lui assurant une existence
suffisante, elle conduirait sa destinée à jamais
loin de la mienne. Mon ami était malheureux
comme moi, mais son âme était plus forte. Il
essaya de me calmer, et me conjura de ne pas
prendre un parti si violent, avant que d'y avoir

mûrement réfléchi, me parla de Cécile, me re-
présenta mes devoirs de père auxquels je man-
quais : toutes ses paroles furent sans effets.

Je ne voulus pas même rentrer dans la maison.
Je n'avais pas besoin de détails, car Sarah m'avait
trompé. En vain Van-Clemburge, dans ses géné-
reux sentiments, voulait me laisser du doute sur la
vérité d'un de ces deux récits. Je n'acceptai rien.
Me jetant dans la première voiture, je me rendis
à La Haye pour y attendre les fonds que devait
m'envoyer mon ami. Cependant, au moment de
nous séparer, il me fit promettre d'attendre les
éclaircissements qu'il était décidé à rechercher.
Je lui dois la justice d'admirer l'oubli qu'il avait
l'air de faire de ses propres affronts. Mais son
mariage n'avait été qu'un arrangement de famille,
et le mien, choix de mon cœur, fruit de mon

imprudence, m'avait coûté la bénédiction de mes
parents. Pendant que je cheminais vers La Haye,
je m'enfonçai plus que jamais dans le dégoût que
m'inspiraient les chemins de fer. Je me disais :
« Jamais invention ne fut une image plus posi-
» tive de la sécheresse du siècle qui l'agrée. Des
» considérations du bien-être matériel seules
» s'emparent des intelligences qui conçoivent de
» telles choses, la pensée morale n'en mesure
» pas les conséquences ! *Aller vite* est la devise de
» notre temps ; hâtez-vous, hâtez-vous, car bien-
» tôt vous devez disparaître, et jamais on ne se
» dit : *Nous devons léguer*. Oui, je vois sur ces
» lignes fugitives les hommes parcourant l'uni-
» vers, la pensée de soi *seul* dirigeant les goûts,
» les habitudes ; nulle affection pour le sol, nuls
» liens éprouvés entre l'individu qu'on court
» chercher au bout du monde, qu'on quitte

» sans le connaître ; cette vie vagabonde en-
» levant toutes les douceurs de l'intérieur,
» dominée par une fantaisie, un rêve, une
» chimere, la réflexion échappant à la sagesse
» de l'homme, la honte sans crainte, la vertu
» sans souvenirs, nulle patrie ! hélas, je dirai
» nul tombeau ! C'est sur un wagon que la
» mort viendra vous atteindre ; en fuyant, il
» jettera vos dépouilles sur la rive étrangère !
» Sur vos cendres éparses plus de larmes, de
» prières, plus de pieux engagements, de douces
» vertus dont votre vie homicide ne laissera pas
» d'exemple ; solitaire au milieu de l'univers
» qu'il aura traversé, l'homme aura perdu jus-
» qu'au souvenir du toit qui le vit naître : ce
» sont les habitudes du cœur qui rendent
» chère la patrie, ce sentiment se confond dans
» celui de la famille ! »

Monsieur, j'abrége, car ce récit pour moi renouvelle trop de douleurs! J'eus la certitude des torts de Sarah, ma fille vint me rejoindre, mais en peu de mois je perdis cette dernière consolation de ma vie, et après la faute que je tâche d'oublier, Sarah succomba! Je demeurai seul au monde : un ami me restait! Van-Clemburge, séparé de Gertrude, réclamait ma présence. Pour lui je combattais mes répugnances, je lui devais mes soins, ce qu'il restait de force à mon âme fatiguée. J'allais le rejoindre....... lorsqu'une nouvelle affreuse compléta ma haine pour cette infernale industrie.

Van-Clemburge continuait à parcourir les railsway pour ses affaires. Un jour, se rendant de Manchester à Liverpool, il s'endormit dans un wagon; il était porteur de fonds, ce dont malheureu-

sement trois coquins avaient eu connaissance. Mon
ami débarqua au premier relais, il chercha son ar-
gent et s'aperçut qu'il était volé, le tout fut l'affaire
d'un moment ; il retourna au convoi maudit, et
là, expliquant son infortune, on lui offrit, en don-
nant une somme considérable, de lui faire faire
quinze lieues à l'heure, seule certitude alors de
joindre ces scélérats ; mais pendant qu'avec une
célérité inouïe la machine fendait l'air, les drôles
avec son or obtenaient une vitesse de vingt
lieues contre lui. Van-Clemburge à Liverpool dé-
couvrit le subterfuge ; il s'enquêta. Les miséra-
bles, se jouant de ses efforts, étaient repartis sur
le wagon qui retournait à Manchester, avaient
enchéri encore sur sa promptitude ; et Van-Clemburge, la rage dans le cœur d'être à la fois volé
et ridicule, se décida à tout braver pour atteindre
les fripons. La machine chargée outre mesure

éclata, et les membres de mon dernier ami furent ensevelis sous les débris du wagon qui lui servit de tombeau. Un drapeau noir parut à la main de l'homme indicateur!... Quelques heures après, les convois reprenaient leur route !

Maintenant, monsieur, me trouvez-vous si insensé? ma haine vous paraît-elle trop forte pour les malheurs de toute une vie? Un devoir me restait. La mère de Gertrude était une digne femme, aveugle, sans secours ; mon ami m'avait souvent dit que, si je lui survivais, il la recommandait à mes soins ; elle était Française, habitoit Saint-Germain. Je vins soigner le dépôt que sa confiance m'avait légué ; elle est là-haut au-dessus de notre tête, privée de raison, défaillante de vieillesse... Je reste ici jusqu'au moment où elle aura rejoint son digne fils ; jamais je n'ai de com-

munication avec la ville, mes journées se passent
dans la forêt, j'échappe au bruit de cette nouvelle
industrie qui bouillonne au pied de la montagne,
dont le bruit foudroyant semble dire : « Redou-
» tez le don que je vous fais, cette fumée qui
» vous dérobe l'éclat du jour est enlevée aux
» feux de l'enfer, voile funèbre que j'étends sur
» la société, les crimes que j'accélère combleront
» ses abîmes ! »

Monsieur... monsieur, sans doute je vous parais exagéré, peut-être frénétique ! mais à votre
âge on peut voir encore l'étrangeté de l'avenir
dans lequel le monde se précipite; si mes craintes
se réalisent, vous vous les rappellerez un jour; si
je m'abuse... tant mieux; car le pauvre Samuël,
désespéré, mourra en faisant des vœux pour les
générations qu'il laissera sur la terre !

Je quittai plus promptement que je ne l'aurais voulu cet excellent homme ; il était abattu. Ce récit avait renouvelé ses douleurs ; j'étais ému de cette sensible bonté, qui avait eu le courage de braver tant de pénibles émotions, trop vives pour être oubliées, et dont la charité cependant voulait confier les prévoyances. Je fis la part que je devais à la fatalité de sa vie ; mais cependant je reconnus que sur bien des points ses prévisions pouvaient se réaliser. Enfoncé dans mes réflexions, je descendais lentement la montagne, lorsque la cloche de l'établissement du chemin de fer sonna pour le départ. Mon premier mouvement fut de courir... « Non, me dis-je, ce serait profaner tant de malheurs, j'en perdrais trop vite le souvenir. Un cheval étique, une mauvaise voiture, un vieux cocher m'offraient un moyen tardif de retour... Je

l'acceptai. Je regardai à ma montre, il était sept heures. Nous partîmes au pas. « Tant mieux, me disais-je, j'aurai le temps de réfléchir sur ma journée! »

FIN.